FORMULAIRE

POUR LA RÉDACTION

DE PROCÈS-VERBAUX

EN MATIÈRE

D'OCTROI ET DE CONTRIBUTIONS INDIRECTES,

Par M. Edouard Laffolay,

Inspecteur de l'Octroi de Lyon,

AUTEUR DU NOUVEAU MANUEL DES OCTROIS.

LYON.

IMPRIMERIE TYPOGRAPHIQUE ET LITHOGRAPHIQUE
DE LOUIS PERRIN,
Rue d'Amboise, 6, quartier des Célestins.

—

1851.

FORMULAIRE

POUR LA RÉDACTION

DE PROCÈS-VERBAUX

EN MATIÈRE

D'OCTROI ET DE CONTRIBUTIONS INDIRECTES,

Par M. Edouard Laffolay,

Inspecteur de l'Octroi de Lyon,

AUTEUR DU NOUVEAU MANUEL DES OCTROIS.

LYON.

IMPRIMERIE TYPOGRAPHIQUE ET LITHOGRAPHIQUE

DE LOUIS PERRIN,

Rue d'Amboise, 6, quartier des Célestins.

—

1851.

38091

Chaque exemplaire du *Formulaire* devra être revêtu de ma signature.

OBSERVATIONS PRÉLIMINAIRES.

J'ai publié en 1847 un Manuel des octrois qui renferme un recueil complet de modèles de procès-verbaux. Ces modèles facilitent beaucoup les employés qui n'ont pas encore acquis l'habitude de la rédaction; toutefois, il faut avoir une certaine pratique afin de pouvoir distinguer tout ce qu'il convient d'insérer dans les procès-verbaux, et, malgré tout le soin que j'ai mis à aplanir les difficultés, il arrive souvent que l'employé-rédacteur éprouve quelque embarras et commet des nullités ou des vices de forme.

Cet état de choses m'a donné l'idée de publier un Formulaire plus détaillé sur cette matière, et de le rendre tellement clair et précis pour les cas qui se présentent le plus communément, que, sauf quelques légers changements dans les faits constitutifs du procès-verbal, l'employé-rédacteur n'ait qu'à mettre la date de la rédaction, celle de la déclaration de la saisie, de la clôture, celle de l'affiche ou de la notification et de l'affirmation, le nom du contrevenant et de son domicile, et enfin la nature de l'objet saisi, ainsi que les quantités.

Ce Formulaire accompagne huit modèles imprimés de procès-verbaux divisés en plusieurs catégories; mais, pour se rendre bien compte de ce mécanisme, il faut que l'employé lise avec attention les observations qui suivent, attendu qu'elles expliquent succinctement la nature et le but de chacun de ces divers modèles.

En matière d'octroi comme en matière de contributions indirectes, il existe trois sortes de procès-verbaux : 1° procès-verbal rédigé en présence du contrevenant et au moment de la constatation de la fraude; 2° procès-verbal dont la rédaction est renvoyée à quelques heures après la déclaration de la saisie, ou bien même au lendemain avant l'expiration des 24 *heures*, et à la rédaction duquel acte n'assiste pas le contrevenant; 3° et enfin, procès-verbal qui se trouve dans les mêmes conditions que le précédent, mais rédigé en présence du contrevenant, et auquel on en a remis une copie.

Pour satisfaire à toutes ces exigences de la loi, il m'a fallu faire imprimer les trois genres de procès-verbaux dont je viens de parler; mais, comme les modèles relatifs à l'octroi inclusivement ne peuvent pas servir à la rédaction des procès-verbaux en matière de contributions indirectes, j'ai fait imprimer aussi trois modèles concernant cette administration : ces derniers peuvent être employés indistinctement, soit pour les saisies communes, soit en matière seulement de contributions indirectes. Les fraudeurs arrêtés à l'entrée transportant du liquide sujet aux droits à l'aide de vases prohibés, forment une catégorie à part. Je n'ai fait imprimer que deux sortes de modèles pour ce genre de fraude, attendu que le délinquant, dans ce cas, assiste presque toujours à la rédaction du procès-verbal qui a lieu aussitôt son arrestation. Si les employés verbalisants renvoyaient l'heure de la rédaction à quelques heures plus tard ou même au lendemain, il est certain que le contrevenant ne serait pas présent à cette rédaction, parce qu'il aurait été retenu en prison. Eh bien, dans ce cas, on sait la manière de procéder; la copie de l'acte de répression doit être affichée à la porte de la maison commune. Du reste le modèle qui concerne ce cas de contravention, et qui porte le n° 2 *bis*, 2ᵉ catégorie, trace la marche qu'il convient de suivre.

La collection complète des modèles imprimés, et qu'on n'aura qu'à faire timbrer, se compose donc de huit modèles. Avec ces divers modèles on peut rédiger tous les genres de procès-verbaux; ils seront d'une grande utilité pour le service, parce qu'ils éviteront à l'employé-rédacteur de commettre des nullités et qu'ils abrégeront beaucoup son travail, puisqu'il n'aura à remplir, en quelque sorte, que des *blancs*.

Toutes les fois que l'employé aura à rédiger un procès-verbal, il devra avoir recours au tableau analytique qui suit, et, en lisant ce tableau avec attention, il trouvera facilement, dans les douze procès-verbaux qui composent le Formulaire, celui qui s'appliquera au genre de contravention qu'il aura à constater dans son procès-verbal.

—————

TABLEAU ANALYTIQUE

DES PROCÈS-VERBAUX COMPOSANT LE FORMULAIRE.

MODÈLES.	OCTROI.	OBSERVATIONS.
Nº 1. — Page 18. Nº 1. — 1re *Catégorie.* Procès-verbal rédigé au moment de la déclaration de la saisie. — Il a été remis copie du procès-verbal au contrevenant, qui était présent à la rédaction.	NATURE DE LA SAISIE. — Introduction dans le rayon d'un objet porté au tarif, sans déclaration.	Le délinquant ayant consigné le montant de l'amende, les objets saisis lui ont été restitués. Mode à suivre en cas de caution. — Voir le renvoi de la page 19.
Nº 2. — Page 21. Nº 1 *bis.* — 2me *Catégorie.* Procès-verbal rédigé le lendemain de la déclaration de la saisie , avant l'expiration des 24 *heures.* — Absence de la coutrevenante à cette rédaction. — Affiche à la Maison commune.	Introduction dans le rayon, *sous les vêtements* , d'un objet porté au tarif.	La contrevenante n'ayant pu fournir caution solvable ou verser le montant de l'amende encourue , l'objet saisi est resté entre les mains des verbalisants.
Nº 3. — Page 24. Nº 1 *ter.* — 5me *Catégorie.* Procès-verbal rédigé quelques heures après la déclaration de la saisie. — Présence du contrevenant à cette rédaction. — Copie du procès-verbal lui a été remise.	Fausse déclaration à l'entrée. — Déclaré 57 hect. d'avoine. — Reconnu 65 *id.* — Différence en plus , 8 hectolitres.	Consignation du montant de l'amende encourue. — Main-levée des objets saisis.
Nº 4. — Page 27. Nº 2. — 1re *Catégorie.* (*Régie et Octroi.*) Procès-verbal rédigé au moment de la déclaration de la saisie. — Il a été remis copie du procès-verbal au contrevenant , qui était présent à la rédaction.	RÉGIE ET OCTROI. — Fraude aux droits de consommation, d'entrée et d'octroi, a l'aide de vases prohibés.	Le contrevenant n'ayant pu fournir caution solvable et s'étant trouvé dans l'impossibilité de verser le montant des amendes encourues, a été constitué prisonnier.

MODÈLES.	RÉGIE ET OCTROI.	OBSERVATIONS.
N° 5. — Page 30. N° 2 bis. — 2me Catégorie. (Régie et Octroi.) Procès-verbal rédigé le lendemain de la déclaration de la saisie, avant l'expiration des 24 heures. — Absence du contrevenant à cette rédaction. — Remis copie du procès-verbal au concierge de la prison.	NATURE DE LA SAISIE. — Fraude aux droits de consommation, d'entrée et d'octroi à l'aide de vases prohibés.	Le contrevenant n'ayant pu fournir caution solvable et s'étant trouvé dans l'impossibilité de verser le montant des amendes encourues, a été constitué prisonnier.
N° 6. — Page 33. N° 3. — 1re Catégorie. Procès-verbal rédigé au moment de la déclaration de la saisie. — Il a été remis copie du procès-verbal au contrevenant, qui était présent à la rédaction.	Fraude aux droits de circulation, d'entrée et d'octroi.	Consignation de l'amende encourue. — Main-levée des objets de transport saisis pour garantie de l'amende. — Main-levée également du liquide saisi.
N° 7. — Page 36. N° 3 bis. — 2me Catégorie. Procès-verbal rédigé le lendemain de la déclaration de saisie, avant l'expiration des 24 heures. — Absence du contrevenant à cette rédaction. — Affiche à la Maison commune.	RÉGIE. — Expédition inapplicable. — Différence en plus à l'entrée.	Idem.
N° 8. — Page 39. N° 3 ter. — 3me Catégorie. Procès-verbal rédigé quelques heures après la déclaration de la saisie. — Présence du contrevenant à cette rédaction. — Copie du procès-verbal a été remise au contrevenant.	Expédition inapplicable. — Péremption du titre servant au transport.	Le contrevenant s'étant trouvé dans l'impossibilité de fournir caution solvable et de verser l'amende encourue, le liquide et les moyens de transport sont restés entre les mains de l'Administration.

MODÈLES.	OCTROI.	OBSERVATIONS.
Nº 9. — Page 42. Néant.	RÉGIE. — Expédition inapplicable. — Différence en moins à l'entrée.	Consignation de l'amende encourue. — Main-levée des objets de transport saisis pour garantie de l'amende. — Main-levée également du liquide saisi.
Nº 10. — Page 45. Néant.	Expédition adirée en cours de transport.	*Idem.*
Nº 11. — Page 48. Néant.	Transport de vin dans l'intérieur, sans expédition.	*Idem.*
Nº 12. — Page 50. Néant.	RÉGIE ET OCTROI. — Présentation, à la sortie, de l'eau pour du vin laissé dans l'intérieur.	Le vin laissé dans l'intérieur du rayon a été saisi fictivement. — Les objets servant au transport de l'eau substituée au vin, ont été mis en fourrière.

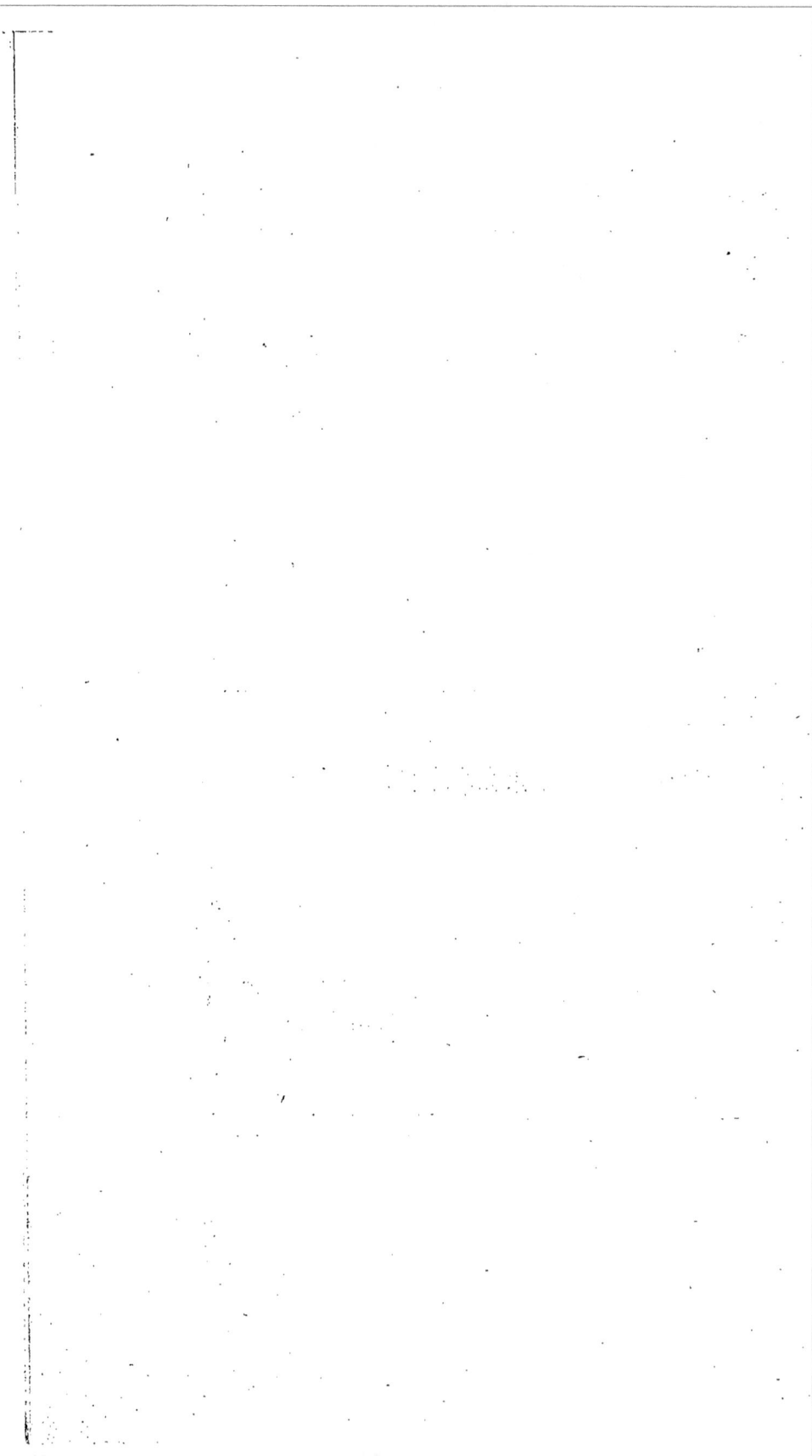

OBSERVATIONS

Les procès-verbaux doivent renfermer, sous peine de nullité, les énumérations suivantes :

1º La date;

2º Les nom, qualités et demeure de la personne chargée des poursuites;

3º Les nom, prénoms et demeure des employés saisissants; de plus, l'énonciation de leur prestation de serment et de l'existence de leur commission en leur possession;

4º La cause de la saisie basée sur l'infraction à la loi ou règlement de l'octroi, avec les interpellations des saisissants et les réponses du contrevenant;

5º La déclaration de saisie ou du procès-verbal;

6º L'espèce, poids ou mesure des objets saisis;

7º La présence du contrevenant à la description desdits objets, ou la sommation qui lui aura été faite d'y assister;

8º L'offre de la main-levée sous caution solvable, ou consignation de la valeur des moyens de transport dont la confiscation n'est point prononcée par la loi, c'est-à-dire de ceux dont la saisie n'est opérée que pour garantie de l'amende encourue;

9° Le nom et la qualité du gardien lorsqu'il y aura eu saisie réelle, c'est-à-dire lorsque les objets saisis n'auront pas été rendus au contrevenant;

10° L'évaluation des objets saisis dont la main-levée aura été accordée au contrevenant ou remis à la caution;

11° Le lieu et l'heure de la rédaction du procès-verbal;

12° La lecture donnée au contrevenant lorsqu'il est présent à la rédaction, la sommation de le signer, et sa réponse;

13° La remise de la copie du procès-verbal si le contrevenant est présent à la rédaction, et, en cas d'absence, la réserve de le notifier à domicile ou d'en afficher copie à la porte de la maison commune dans le délai prescrit, c'est-à-dire dans les vingt-quatre heures qui suivront la clôture du procès-verbal;

14° L'heure de la clôture;

15° L'affirmation du procès-verbal dans les vingt-quatre heures qui suivront la clôture dudit acte devant le juge de paix de l'arrondissement de l'*Hôtel-de-Ville, en matière d'octroi*, et dans les trois jours en matière de régie devant celui de l'arrondissement où le fait a été consommé.

Quelques-unes des énonciations qui précèdent ne sont pas prescrites, sous peine de nullité, dans toute l'acception du mot, mais elles sont toutes essentielles; d'ailleurs elles sont expressément recommandées par l'administration des Contributions indirectes, et, sous ce rapport, elles ne doivent pas être négligées dans la rédaction des procès-verbaux. Il est bon aussi d'ajouter: 1° que la date et l'heure de la rédaction doivent être en toutes lettres; 2° ne pas omettre d'indiquer, après le mot *certifions*, le jour et l'heure de la constatation de la fraude ; 3° et ne pas mettre *certifions qu'à l'heure susdite*, parce que la découverte de la fraude et la rédaction du procès-verbal ne pouvant être simultanées, il convient d'indiquer l'heure à laquelle chacune de ces opérations a été effectuée (1).

Les procès-verbaux doivent aussi énoncer d'une manière formelle si les contrevenants ont, ou non, assisté au jaugeage des fûts ou des vases contenant les boissons saisies, et si les employés et les délinquants eux-mêmes ont participé à la dégustation de ces boissons. Cette formalité, prescrite à peine de nullité, ne peut être remplacée par ces mots : *avons reconnu et fait reconnaître*. Il faut que l'énonciation de la reconnaissance du jaugeage et de la dégustation par les parties présentes soit formellement exprimée ; et si l'objet reconnu est du spiritueux, au lieu de se servir de cette expression vicieuse, *reconnu par les moyens légaux*, il faut dire : *Le degré du spiritueux a été reconnu au moyen de l'alcoomètre centésimal et du thermomètre centigrade*.

Lorsque la saisie est effectuée en matière d'octroi seulement, sur de la viande salée, de la chaux, des briques, de l'avoine ou tout autre objet tarifé, il faut s'exprimer ainsi pour la viande salée : *à l'aide de notre romaine* ; pour les autres objets : *à l'aide du mètre ou de l'hectolitre*.

La cause de la saisie doit être exprimée dans le corps du procès-verbal en termes clairs et précis, et doit être surtout l'expression de la vérité ; les faits seuls doivent.

(1) A moins que la rédaction du procès-verbal n'ait lieu au moment même de la déclaration de la saisie comme au n° 1.

y être consignés, et on ne doit mentionner les circonstances que lorsqu'elles se rattachent essentiellement au fait principal.

Dans le cas où le motif de la saisie porterait sur le faux, ou l'altération des expéditions, le procès-verbal énoncerait le genre de faux, les altérations ou surcharges, et lesdites expéditions, signées et paraphées des saisissants, *ne varietur*, seraient annexées au procès-verbal qui contiendrait sommation faite à la partie de les parapher, et sa réponse à cette proposition. Il est bon, d'ailleurs, d'opérer ainsi toutes les fois que les expéditions représentées seront inapplicables pour quelque cause que ce soit.

Lorsque la déclaration de la saisie est faite au contrevenant, on peut se dispenser de saisir les moyens de transport s'il est reconnu solvable par les employés, ou s'il présente de suite une caution qui offre toutes les garanties. Il convient que les objets saisis soient estimés modérément et de gré à gré avec le contrevenant, et cette estimation doit être faite avant l'offre de la mainlevée.

S'il arrive que le contrevenant se trouve insolvable et qu'il soit dans l'impossibilité de présenter une caution, on doit alors saisir réellement et constituer un gardien : dans ce cas, les stipulations de frais de garde, de fourrière et autres, sont faites en présence du prévenu, et consignées au procès-verbal qui doit être signé par le gardien.

La lecture du procès-verbal doit précéder la mention de la clôture, afin de laisser au contrevenant la faculté d'y insérer ses dires, ce qui ne pourrait avoir lieu si le procès-verbal était clos.

La remise de la copie doit être la dernière indication du procès-verbal.

La loi ne prescrit pas de remettre une copie à la caution; mais il convient, néanmoins, de ne pas se dispenser de cette formalité

Si le contrevenant n'est pas présent à la rédaction du procès-verbal, il doit lui être notifié *dans les vingt-quatre heures de la clôture*, et, si son domicile n'est pas connu, la copie qui lui était destinée doit être affichée, dans le même délai, à la porte de la mairie du lieu où la saisie a été opérée.

L'affirmation du procès-verbal doit aussi avoir lieu dans *les vingt-quatre heures de la clôture*. L'acte d'affirmation doit mentionner les nom, prénoms et demeure du juge de paix ou de son suppléant ; il doit énoncer, en outre, qu'il a été donné lecture du procès-verbal aux saisissants, et sa date entière, ainsi que l'heure, dans le cas où l'affirmation aurait lieu le lendemain du jour de la rédaction de l'acte de répression , doivent toujours être mises en *toutes lettres*.

D'après les termes de l'acte d'affirmation , il est certain que son insertion au procès-verbal doit avoir lieu par le juge de paix lui-même; mais, pour éviter les omissions que ce magistrat pourrait commettre , il convient que les employés saisissants dressent eux-mêmes cet acte, sauf à laisser en blanc quelques indications qui seront plus tard remplies lorsque le procès-verbal sera soumis à la signature de M. le juge de paix.

Les procès-verbaux doivent être enregistrés dans les quatre jours de leur date.

Je vais sommairement indiquer ici, par deux exemples, l'application des principales règles que je viens de faire connaître.

Supposons qu'un procès-verbal ait été déclaré le 1er janvier 1850, à sept heures du matin, et que la rédaction ait eu lieu une heure après. Dans ce cas, l'acte dont il s'agit devra mentionner, sous peine de nullité, les règles qui suivent :

Rédaction, le 1er janvier 1850, à huit heures du matin ;

Faits constitutifs du procès-verbal, le 1er janvier, à sept heures du matin ;

Clôture, le 1er janvier, à neuf heures du matin ;

Notification au contrevenant, ou affiche, le 1er janvier, à deux heures du soir ;

Affirmation, le 2 janvier, à huit heures du matin.

Procès-verbal déclaré le 1er janvier 1850, à quatre heures du soir, mais dont la rédaction est renvoyée au lendemain, dix heures du matin. Dans ce deuxième cas, il faudra que le procès-verbal porte les indications qui suivent :

Rédaction, le 2 janvier 1850, à dix heures du matin ;

Faits constitutifs du procès-verbal, le 1er janvier, à quatre heures du soir ;

Clôture, le 2 janvier, à onze heures du matin ;

Notification au contrevenant, ou affiche, le 2 janvier, à une heure du soir;

Affirmation, le 2 janvier 1850.

Dans le premier comme dans le second de ces deux exemples, on remarquera que les règles établies par le décret du 1er germinal an xiii et 27 frimaire an viii, quant à l'affirmation, ont été rigoureusement observées; et comme elles forment la base de toute rédaction des actes de répression, il serait utile que l'employé qui n'a pas encore acquis l'habitude de la rédaction des procès-verbaux, fît un tableau semblable avant de commencer à remplir les blancs des divers modèles. De cette manière il aurait devant les yeux l'heure de la rédaction, de la déclaration de la saisie, de la clôture, de la notification ou de l'affiche, enfin celle de l'affirmation.

Il lui serait dès-lors impossible de commettre une erreur, parce que je suppose qu'avant d'établir le tableau, il aurait pris pour modèle les règles que j'ai indiquées dans les observations qui précèdent.

(Nº 1.)

PROCÈS-VERBAL

Du 25 Janvier 1850.

Saisie de 25 kilo-
grammes de viande
salée, au préjudice du
sieur Bernard (Guil-
laume), voiturier,
demeurant à Rouen
(Seine-Inférieure).

Fraude aux droits d'octroi.
Introduction dans le rayon d'un objet porté au tarif, sans déclaration.

PRINCIPAL SAISISSANT.

BARROT (Jean).

L'an mil huit cent *cinquante*   , le *vingt-cinq janvier*, à *neuf* heures du *matin* , à la requête de M. le Maire de la ville de   , y demeurant ; poursuites et diligences de M.   de l'Octroi de ladite ville, y demeurant,   où il fait élection de domicile pour la suite du présent ; nous soussignés

Tous les *trois* employés de l'Octroi de y demeurant, ayant serment en justice et porteurs de nos commissions ; certifions *que ce matin, à l'heure susdite, étant tous de service à la barrière de , s'est présenté pour entrer dans   , un Sr Guillaume Bernard, voiturier, demeurant à Rouen (Seine-Inférieure), lequel conduisait une charrette attelée d'un cheval et chargée de divers objets. Ayant demandé audit Bernard s'il avait quelque chose de sujet aux droits d'octroi à nous déclarer, et ledit nous ayant répondu qu'il n'avait absolu-*

Nº 1.
1ʳᵉ Catégorie. —
(Octroi.)

ment rien, nous nous sommes livrés néanmoins à des re-
cherches, et avons trouvé dans l'un des caissons de sa
charrette vingt-cinq kilogrammes de viande salée, qu'évi-
demment ledit Bernard voulait soustraire au paiement du
droit d'octroi.

Ainsi donc, vu la contravention du dit *Bernard*
            a   article   du Règlement de l'Octroi
de   , nous *lui* avons déclaré procès-verbal
et saisie *des vingt-cinq kilogrammes de viande salée,*
ainsi reconnus, en présence d*udit Bernard*, à l'aide de
notre *romaine*, et que nous avons estimés, d'accord
avec *le*   dit *Bernard*   , à la somme de *douze*
francs   , droit non compris.

Avons également saisi, mais seulement pour garantie de
l'amende encourue, le cheval et la charrette, que nous avons
estimés, toujours d'accord avec le sieur Bernard, à la
somme de trois cents francs (1). Toutefois, le dit ayant
versé, à titre de consignation provisoire, une somme de cent
francs, que nous avons portée au registre K (bis), nous
lui avons donné main-levée de tous les objets saisis, sur sa
promesse de les représenter, ou la valeur estimative, à
toute réquisition de justice.

(1) Si le contrevenant, au lieu de consigner l'amende, présente
une caution solvable, il faudra s'exprimer ainsi : Et ledit nous
ayant offert pour caution le S^r (nom, prénoms, profession et demeure), lequel ici présent, après avoir pris connaissance du procès-
verbal, s'est rendu volontairement garant et caution solidaire dudit
        , tant pour l'amende encourue que pour la valeur
de l'objet saisi, des frais et des dépens ; nous avons, en con-
séquence, laissé audit sieur (le nom du contrevenant) les vingt-
cinq kilogrammes saisis, la charrette et le cheval sus-mentionnés.

Nous avons à l'instant rédigé notre procès-verbal dans le bureau d   , en présence du   dit Bernard (1), *lui* en   avons donné lecture avec sommation de le signer, ce que le *nommé Bernard* a refusé.

Clos ledit procès-verbal les jour, mois et an qui sont inscrits en tête du présent, à *neuf* heures et demie du *matin*   , et en avons remis copie au Sr *Bernard*, après avoir signé ledit acte.

Barrot, Lespinasse, Augustin.

Acte d'affirmation.

Pardevant nous, *Louis-Pierre Durand*, juge de paix *de l'arrondissement de l'Hôtel-de-Ville*   , le procès-verbal, ci-dessus et d'autre part, a été affirmé sincère et véritable par les employés soussignés, après qu'il leur en a été donné lecture.

Fait a   , *le vingt-cinq janvier* dix-huit cent *cinquante-*
                    Signé

(1) Et dudit   caution. — Dans ce cas, il faudra aussi donner copie du procès-verbal à la caution.

(N° 2.)

PROCÈS-VERBAL
Du 26 *Janvier* 1850.

Saisie de 15 kilo-
grammes de viande
fraiche, au préjudice
de la femme Lamar-
che (Joséphine), de-
meurant à Paris, rue
de Rivoli, N° 50.

Fraude aux droits d'octroi. — Introduction dans le rayon, sous les vêtements, d'un objet porté au tarif.

—

L'an mil huit cent *cinquante*   , le *vingt-six
janvier*, à *deux* heures *du soir*   , à la requête de
M. le Maire de la ville d*e*   , y demeurant;
poursuites et diligences de M.
de l'Octroi de ladite ville, y demeurant, *rue de la Paix,
n° 20*, où il fait élection de domicile pour la suite du
présent; nous soussignés,

PRINCIPAL SAISISSANT.

—

LESPINASSE (Pierre.)

Tous les *trois* employés de l'Octroi de   ,
y demeurant, ayant serment en justice et porteurs
de nos commissions; certifions qu'*hier au soir*, sur
les *cinq heures*, étant tous de service à *la barrière
de*   , *s'est présentée, à la même heure*,
pour entrer dans   *par ladite barrière,
la femme Lamarche (Joséphine), demeurant à Paris, rue
de Rivoli, n° 5o. La tournure de cette femme nous ayant
fait soupçonner qu'elle pouvait avoir sous ses vêtements
quelque objet passible des droits, nous l'avons sommée de
nous déclarer si elle n'introduisait rien de porté au tarif.
Ladite nous a alors avoué qu'elle avait sous ses jupes un*

N° 2.

2me Catégorie. —
(*Octroi.*)

quartier de mouton du poids de quinze kilogrammes, et nous a effectivement remis ladite viande.

Ainsi donc, vu la contravention d*e ladite Lamarche* (*Joséphine*) a article du Règlement de l'Octroi d , nous *lui* avons déclaré procès-verbal et saisie *desdits quinze kilogrammes de viande fraîche,* ainsi reconnus, en présence d*e la femme Lamarche,* à l'aide de notre romaine, et que nous avons estimés, d'accord avec ladite *Lamarche,* à la somme de dix francs, droit non compris.

*Lui avons offert main-levée de ladite viande saisie moyennant caution solvable ou le versement du montant de l'amende encourue; mais ladite s'étant trouvée dans l'impossibilité de satisfaire à l'une ou à l'autre de ces conditions, nous avons remis les quinze kilogramme*s *de viande fraîche entre les mains de M*r *Bonnet, receveur de la barrière de l'Etoile, ledit ayant pris l'engagement de représenter la susdite viande, ou sa valeur, à toute réquisition de justice.*

Prévenant, enfin, ladite *femme Lamarche* que la rédaction de notre procès-verbal devant avoir lieu le *lendemain vingt-six du courant, à deux heures du soir,* dans notre bureau d
nous l*a* sommions d'y assister, à l'effet d'y faire insérer ses dires, d'en entendre lecture et d'en recevoir copie. Et ledit jour, étant tous réunis au lieu indiqué, nous avons rédigé, en l'absence de *la*

femme Lamarche (*Joséphine*), notre dit procès-verbal, et avons clos le susdit acte les jour, mois et an qui sont inscrits en tête du procès-verbal, à *trois* heures d*u soir,* nous réservant de le notifier à *ladite femme Lamarche*, ou, si besoin l'exige, de l'afficher à la porte de la mairie de Paris; et avons signé.

Acte d'affiche.

L'an mil huit cent *cinquante* , le *vingt-six janvier,* à *cinq* heures *du soir* , au requis que dit est, nous employés qualifiés et dénommés au procès-verbal d'autre part, certifions qu'attendu l'absence de *la femme Lamarche à la rédaction de notre dit procès-verbal,* nous nous sommes transportés *à la mairie de* , où nous avons affiché, *sur la porte principale, copie de notre procès-verbal ainsi que du présent exploit; et avons signé.*

Acte d'affirmation.

Pardevant nous,
juge de paix d
, y demeurant, le procès-verbal, ci-dessus et d'autre part, a été affirmé sincère et véritable par les employés soussignés, après qu'il leur en a été donné lecture.

Fait à *Paris* , le *vingt-sept janvier* dix-huit cent *cinquante, à onze heures du matin.*

(Nº 3.)

Fraude aux droits d'octroi. — Fausse déclaration à l'entrée.

Saisie de 7 hecto-
litres d'avoine, au
préjudice du sieur
Lagrange (Jean),
marchand d'avoine,
demeurant à Lyon.

PRINCIPAL SAISISSANT.

L'an mil huit cent *cinquante* , le *trente janvier* à *onze* heures *du matin*, à la requête de M. le Maire de la ville d , y demeurant; poursuites et diligences de M. de l'Octroi de ladite ville, y demeurant, où il fait élection de domicile pour la suite du présent; nous soussignés,

Tous deux employés de l'Octroi d y demeurant, ayant serment en justice et porteurs de nos commissions; certifions *que ce matin*, sur les *sept* heures, *étant tous de service à la barrière de* , *s'est présenté, à la même heure, pour entrer dans* , un Sr *Lacombe (François), voiturier, au service d'un nommé Lagrange (Jean), marchand d'avoine, demeurant à Lyon, lequel Lacombe conduisait une charrette attelée de deux chevaux et chargée de plusieurs sacs d'avoine. Ledit nous ayant demandé un passe-debout pour la quantité de vingt-neuf sacs, renfermant ensemble cinquante-sept hectolitres d'avoine, nous avons vérifié, en sa présence, ledit chargement, et reconnu et fait reconnaître audit Lacombe que la totalité dudit*

Nº 3.

3me Catégorie. —
(Octroi.)

chargement se composait de trente-deux sacs, contenant ensemble soixante-cinq hectolitres d'avoine, et que conséquemment il ressortait de cette opération un excédant de trois sacs et de sept hectolitres d'avoine, qu'évidemment ledit Lacombe avait l'intention d'introduire dans l'intérieur sans l'acquittement du droit d'octroi.

Ainsi donc, vu la contravention *dudit Lagrange* (*Jean*) a   article   du Règlement de l'Octroi d   , nous lui avons déclaré procès-verbal et saisie *des sept hectolitres d'avoine, en parlant au Sʳ Lacombe, son représentant,* ainsi reconnus, en présence *dudit Lacombe,* à l'aide *du double décalitre,* et que nous avons estimés, d'accord avec le   dit   *Lacombe,* à la somme de   , droit non compris.

Avons également saisi, mais seulement pour garantie de l'amende encourue, les deux chevaux et la charrette que nous avons estimés, toujours d'accord avec le Sʳ *Lacombe, à la somme de   . Toutefois, attendu que le   dit Lacombe a versé, pour le compte du* Sʳ *Lagrange, son maître, une somme de cent francs   , à titre de consignation provisoire, nous lui avons donné main-levée de tous les objets saisis, sur sa promesse de les représenter, ou la valeur estimative, à toute réquisition de justice.*

Prévenant, enfin, le dit *Lacombe* que la rédaction de notre procès-verbal devant avoir lieu *aujourd'hui même trente du courant   , à onze* heures   *du matin*, dans notre bureau   , nous le sommions d'avertir le *S*^r *Lagrange* d'y assister, à l'effet d'y faire insérer *ses* dires, d'en entendre lecture et d'en recevoir copie. Et ledit jour étant tous réunis au lieu indiqué, nous avons rédigé, en présence du dit *Lagrange*, notre dit procès-verbal, lui en avons donné lecture avec sommation de le signer, ce que le nommé *Lagrange a accepté.* Clos ledit procès-verbal les jour, mois et an qui sont inscrits en tête du présent, *à onze heures et demie du matin;* en avons remis copie au *dit Lagrange*, après avoir signé ledit acte.

Pardevant nous,
juge de paix   , le procès-verbal, ci-dessus et d'autre part, a été affirmé sincère et véritable par les employés soussignés, après qu'il leur en a été donné lecture.

Fait a   , le   dix-huit cent

(Nᵒ 4.)

PROCÈS-VERBAL

Du 25 Janvier 1850.

Fraude aux droits de consommation, d'entrée et d'octroi, à l'aide de vases prohibés.

Saisie de sept litres d'esprit à 86 degrés centésimaux, au préjudice du sieur Germain (Jean), demeurant à

L'an mil huit cent *cinquante* , le *vingt-cinq janvier*, à *dix* heures *du matin*, à la requête de M. le Directeur de l'administration des Contributions indirectes, dont le bureau central est à Paris, rue de Rivoli, hôtel des Finances, et de M. le Maire de la ville d , y demeurant; poursuites et diligences de M. , directeur de ladite administration des Contributions indirectes dans le département d , demeurant a *où il* fait élection de domicile pour la suite du présent ;

Nous soussignés,

PRINCIPAL SAISISSANT.

—

Tous les employés de l'Octroi d , y demeurant, ayant serment en justice et porteurs chacun de notre commission; certifions qu'étant cejourd'hui dans l'exercice de nos fonctions s'est présenté , pour entrer dans , à *neuf* heures *du matin*, un nommé *Germain* (*Jean*), demeurant à La démarche embarrassée de *ce particulier* nous ayant fait soupçonner qu'*il* avait sous ses vêtements quelque

Nᵒ 2.

1ʳᵉ Catégorie. — *(Régie et Octroi.)*

objet passible des droits, nous l'avons arrêté au moment
où *il* venait de franchir ladite barrière, l'avons invité à
entrer dans notre bureau, et nous l'avons prévenu   que
nous allions le faire conduire devant le commissaire de
police pour y être interrogé et visité s'il y a lieu. *Le
dit Germain a d'abord prétendu qu'il n'avait rien ; mais
voyant qu'il était inutile de nous tromper plus longtemps,
a sorti de dessous ses vêtements trois vessies, renfermant
ensemble sept litres d'esprit-de-vin, et s'est trouvé dans
l'impossibilité de nous exhiber un litre de mouvement
pour justifier la circulation de ce liquide.*

Attendu sa contravention aux articles 1, 6 et 24 de
la loi du 28 avril 1816, et a   article   du Règlement
de l'Octroi d   , nous lui avons déclaré
procès-verbal et saisie des *sept litres d'esprit à* 86 *degrés
centésimaux*, ainsi reconnus avec *ledit Germain*, après
*mesurage et pesage, à l'aide de l'alcoomètre centésimal
et du thermomètre centigrade*, et que nous avons estimés,
d'accord avec *ledit Germain*, à la somme de *cinq francs*,
droits non compris. Lui avons offert main-levée dudit
liquide saisi, moyennant caution solvable, ou le versement de la somme de deux cents francs, montant des
deux amendes encourues; mais *le* dit   n'ayant pu satisfaire ni à l'une ni à l'autre de ces deux conditions, nous
avons déposé entre les mains de M.   ,
*receveur de la barrière de   , les sept litres
d'esprit* saisis, *le* dit   ayant promis de les représenter à
toute réquisition de justice; et avons prévenu, en outre,
ledit *Germain* qu'en vertu des articles 222 de la loi du
28 avril 1816, déjà citée, et 9 de celles des 29 mars 1832

et 24 mai 1834, nous allions le constituer prisonnier et le faire conduire devant un juge compétent, afin de mettre à même ce magistrat de prononcer sur la validité de son arrestation. De tout quoi nous avons immédiatement dressé notre procès-verbal dans le bureau de , en présence dudit *Germain ;* lui en avons donné lecture, avec sommation de le signer, ce que le *nommé Germain* a refusé (ou accepté). Clos le présent procèsverbal les jour, mois et an qui sont inscrits en tête du présent, à *onze* heures *du matin,* et en avons remis copie au *dit Germain,* après l'avoir signé.

Pardevant nous
juge de paix   , le procès-verbal,
ci-dessus et d'autre part, a été affirmé sincère et véritable par les employés soussignés, après qu'il leur en a été donné lecture.

Fait a   , le   , dix-huit
cent

(Nᵒ 5.)

—

PROCÈS-VERBAL

Du 29 Janvier 1850.

_____

Fraude aux droits de consommation, d'entrée et d'octroi, à l'aide de vases prohibés.

Saisie de **8** litres d'eau-de-vie à 50 degrés centésimaux, au préjudice de la femme Dumond (Marie), ouvrière en soie, demeurant à

_____

SAISISSANT PRINCIPAL.

—

L'an mil huit cent *cinquante*   , le *vingt-neuf janvier*, à *trois* heures *de relevée*, à la requête de M. le Directeur de l'administration des Contributions indirectes, dont le bureau central est à Paris, rue de Rivoli, hôtel des Finances, et de M. le Maire de la ville d   , y demeurant; poursuites et diligences de M.   , directeur de ladite administration des Contributions indirectes dans le département d   , demeurant à
où il fait élection de domicile pour la suite du présent;
Nous soussignés,

Tous les   employés de l'Octroi d   ,
y demeurant, ayant serment en justice et porteurs chacun de notre commission; certifions que, *hier soir, sur les cinq heures*, étant dans l'exercice de nos fonctions *à la barrière d*   , s'est présentée, pour entrer dans   , une nommée Dumond (Marie), ouvrière en soie, demeurant a
          . La démarche embarrassée de *cette femme* nous

Nᵒ 2.

2ᵐᵉ Catégorie. —
(Régie et Octroi.)

ayant fait soupçonner qu'*elle* avait sous ses vêtements quelque objet passible des droits, nous l'avons arrêtée au moment où *elle* venait de franchir le rayon d'octroi, l'avons invité*e* à entrer dans notre bureau, et nous l'avons prévenu*e* que nous allions *la* faire conduire devant le Commissaire de police pour y être inter-rogé*e* et visité*e*, s'il y a lieu. L*a* dite *femme Dumond, voyant qu'il était inutile de cacher plus longtemps l'objet qu'elle transportait, a sorti de dessous ses jupes un corset en toile contenant trois vessies remplies d'eau-de-vie, pour lequel liquide ladite femme Dumond s'est trouvée dans l'impossibilité de nous produire un titre de mouvement.*

Attendu sa contravention aux articles 1, 6 et 24 de la loi du 28 avril 1816, et a   article   du Règle-ment de l'Octroi de   , nous lui avons déclaré procès-verbal et saisie des *huit* litres *d'eau-de-vie à cinquante degrés centésimaux, renfermés dans les trois vessies,* ainsi reconnus avec la dite *femme Dumond,* après *mesurage et pesage à l'aide de l'alcoomètre cen-tésimal et du thermomètre centigrade,* et que nous avons estimés, *d'accord avec ladite femme Dumond, à la somme de quatre francs,* droits non compris. Lui avons offert main-levée dudit liquide saisi, moyennant caution sol-vable, ou le versement de la somme de deux cents francs, montant des deux amendes encourues; mais l*a* dit*e* n'ayant pu satisfaire ni à l'une ni à l'autre de ces deux conditions, nous avons déposé entre les mains de M.   , *receveur de la barrière d*   , les *huit* litres *d'eau-de-vie* saisis, ledit ayant promis de les représenter à toute réquisition de justice; et avons prévenu, en outre, l*a* dit*e femme Dumond (Marie),* qu'en vertu des articles 222 de la loi du 28 avril 1816, déjà citée, et 9 de celles des 29 mars 1832 et 24 mai 1834, nous allions *la* constituer prisonnièr*e* et *la* faire conduire devant un juge compétent, afin de mettre à même ce

magistrat de prononcer sur la validité de son arrestation.
Prévenant, enfin, *la dite femme Dumond* que la rédaction de notre procès-verbal devant avoir lieu *le lendemain vingt-neuf du courant,* à *trois heures du soir*, dans
notre bureau d   , nous *la* sommions d'y
assister, à l'effet d'y faire insérer ses dires, d'en entendre lecture et d'en recevoir copie. Et ledit jour, étant
tous réunis au lieu indiqué, nous avons rédigé, en l'absence de *la femme Dumond*, notre dit procès-verbal, et
avons clos le susdit acte les jour, mois et an qui sont
inscrits en tête du procès-verbal, à *trois heures
et demie du soir*, nous réservant de le notifier à *la dite
femme Dumond*, ou, si besoin l'exige, de l'afficher à la
porte de la mairie d   ; et avons signé.

L'an mil huit cent *cinquante*   , le *vingt-neuf
janvier*, à *quatre* heures du *soir*, au requis que dit est,
nous, employés qualifiés et dénommés au procès-verbal
d'autre part, certifions (1) que, nous étant transportés
à la prison de   , et parlant au S^r ,
concierge, nous avons laissé à *la femme Dumond* copie
de notre procès-verbal ainsi que du présent exploit; et
avons signé.

(Même modèle d'affirmation qu'aux procès-verbaux
qui précèdent.)

(1) Si on ne signifie pas le procès-verbal au contrevenant à la
prison, il faudra mettre ces mots : Certifions qu'attendu l'absence
d   à la rédaction de notre procès-verbal,
nous nous sommes transportés à la mairie d   ,
où nous avons affiché, sur la porte principale, copie de notre
procès-verbal ainsi que du présent exploit; et avons signé.

(N° 6.)

Fraude aux droits de circulation, d'entrée et d'octroi.

PROCÈS-VERBAL

Du 3 février 1850.

Saisie de 12 litres
de vin en bouteilles,
au préjudice d'un
sieur Dumond (Jean),
propriétaire, demeu-
rant à

L'an mil huit cent *cinquante* , le *trois février*,
à *neuf* heures *du matin*, à la requête de M. le Directeur
de l'administration des Contributions indirectes, dont
le bureau central est à Paris, rue de Rivoli, hôtel des
Finances, *et de M. le Maire de la ville d* ;

PRINCIPAL SAISISSANT.

poursuites et diligences de M. , directeur
de ladite administration dans le département d
, demeurant a , n°
où il fait élection de domicile pour la suite du présent ;

Nous soussignés,

Tous les quatre employés de l'Octroi de
y demeurant, ayant serment en justice et porteurs
chacun de notre commission ; certifions *que ce matin,*
à l'heure inscrite en tête du présent procès-verbal, étant
tous de service à la barrière d , s'est
présenté pour entrer dans , par ladite
*barrière, un S*r *Dumond (Jean), propriétaire, demeurant*
à , lequel conduisait un cabriolet attelé
d'un cheval. Ayant demandé audit Dumond s'il avait
quelque objet passible des droits à nous déclarer, et ledit

N° 5.

1re Catégorie.

ayant répondu qu'il n'avait absolument rien, nous nous sommes livrés, néanmoins, à des recherches, et avons trouvé dans l'un des caissons dudit cabriolet, et sous divers paquets, douze bouteilles de vin, pour autant de litres de ce liquide, qu'évidemment ledit Dumond voulait soustraire au paiement des droits, et pour lequel liquide le Sr Dumond s'est trouvé dans l'impossibilité de nous exhiber un titre de mouvement.

Ainsi donc, vu la contravention dudit *Dumond (Jean)*, aux articles 1, 6 et 24 de la loi du 28 avril 1846, *ainsi qu'aux articles   du Règlement de l'Octroi d* nous avons déclaré *au Sr Dumond* procès-verbal et saisie desdits *douze litres de vin,* ainsi reconnus avec le *Sr Dumond,* après *mesurage* et *dégustation,* et que nous avons estimés, d'accord avec ledit *Dumond (Jean),* à la somme de *dix francs, droits non compris. Avons également saisi, mais seulement pour garantie de l'amende encourue, le cheval et le cabriolet, que nous avons estimés, toujours d'accord avec ledit Dumond, à la somme de trois cents francs. Toutefois, attendu que ledit Dumond a versé, à titre de consignation provisoire, une somme de cent francs que nous avons enregistrée au K (bis), et d'ailleurs sa solvabilité étant parfaitement connue de nous tous, nous lui avons donné main-levée du liquide saisi ainsi que des moyens de transport, sur sa promesse juratoire de re-présenter le tout, ou la valeur estimative, à toute réquisition de justice.* Avons à l'instant rédigé notre procès-verbal dans le bureau de   , en présence du dit

Dumond (*Jean*); lui en avons donné lecture avec sommation de le signer, ce que le nommé *Dumond a refusé.* Clos ledit procès-verbal les jour, mois et an qui sont inscrits en tête du présent, à *dix* heures *du matin;* en avons remis copie audit *Dumond,* après avoir signé ledit acte.

Pardevant nous,   juge de paix
                       , le procès-verbal, ci-dessus et d'autre part, a été affirmé sincère et véritable par les employés soussignés, après qu'il leur en a été donné lecture.

Fait a   , le *trois février* dix-huit cent *cinquante*

(N° 7.)

PROCÈS-VERBAL

Du 5 février 1850.

Saisie de 460 litres de vin , au préjudice d'un sieur Richard , (Pierre), voiturier , demeurant à

PRINCIPAL SAISISSANT.

Expédition inapplicable. — Différence en plus à l'entrée.

L'an mil huit cent *cinquante* , le *cinq février*, à *deux* heures *de relevée*, à la requête de M. le Directeur de l'administration des Contributions indirectes, dont le bureau central est à Paris, rue de Rivoli, hôtel des Finances , *et de M. le Maire de la ville d* ; poursuites et diligences de M. , directeur de ladite administration dans le département d , demeurant a , n° où il fait élection de domicile pour la suite du présent

Nous soussignés,

Tous les cinq employés de l'Octroi d y demeurant, ayant serment en justice et porteurs chacun de notre commission; certifions *qu'hier soir, sur les quatre heures, étant tous de service à la barrière d* , *s'est présenté à la même heure, pour entrer dans* , *un sieur Richard (Pierre), voiturier, demeurant à* , *lequel conduisait une charrette attelée d'un cheval et chargée de deux fûts. Ledit Richard nous ayant exhibé un acquit-à-caution sous*

N° 3 *bis.*
2me Catégorie.

*le n°   que nous annexons au présent procès-verbal,
lequel titre mentionnait la quantité de quatre hectolitres
vingt litres de vin, nous avons jaugé les deux fûts, en présence dudit Richard, et lui avons fait remarquer que la
quantité réelle s'élevant à quatre hectolitres soixante litres
de vin, il ressortait de cette opération un excédant de
quarante litres de vin, et que, dès-lors, l'expédition représentée n'était pas applicable au chargement. Le sieur Richard a alors prétendu que le receveur buraliste avait
commis l'erreur, et que la demande de l'expéditeur portait
la quantité reconnue ; mais n'étant pas appelés à juger
cette question, nous avons dû nous contenter seulement de
consigner ici les dires du sieur Richard.*

Ainsi donc, vu la contravention du*dit Richard
(Pierre)* aux articles 1, 6 et 24 de la loi du 28 avril 1816,
ainsi qu'   article   du Règlement de l'Octroi d
nous avons déclaré au*dit Richard* procès-verbal et saisie
desdits *quatre hectolitres soixante litres de vin*, ainsi
reconnus avec l*edit Richard (Pierre)*, après *jaugeage* et
dégustation, et que nous avons estimés, d'accord avec
le*dit Richard (Pierre)*, à la somme de *soixante-dix francs,
droits non compris. Avons également saisi, mais seulement
pour garantie de l'amende encourue, le cheval et la charrette, que nous avons estimés, toujours d'accord avec ledit
Richard, à la somme de trois cents francs. Toutefois,
ledit Richard ayant versé, à titre de consignation provisoire, une somme de cent francs que nous avons enregistrée au K (bis), et d'ailleurs sa solvabilité étant parfaitement connue de nous tous, nous lui avons donné main-
levée du liquide saisi ainsi que des moyens de transport,
sur sa promesse juratoire de représenter le tout, ou la
valeur estimative, à toute réquisition de justice.*

Prévenant, enfin, le*dit Richard (Pierre)*, que la rédaction de notre procès-verbal devant avoir lieu *le lendemain*, *cinq du courant*, à *deux* heures *du soir*, dans notre bureau d   , nous *le* sommions d'y assister, à l'effet d'y faire insérer ses dires, d'en entendre lecture et d'en recevoir copie. Et ledit jour, étant tous réunis au lieu indiqué, nous avons rédigé, en l'absence d*udit Richard (Pierre)*, notre dit procès-verbal, et avons clos le susdit acte les jour, mois et an qui sont inscrits en tête du procès-verbal, à *trois* heures *du soir*, nous réservant de le notifier a*udit Richard*, ou, si besoin l'exige, de l'afficher à la porte de la mairie d   ; et avons signé.

L'an mil huit cent *cinquante*   , le *cinq février*, à *quatre* heures *du soir*, au requis que dit est, nous employés qualifiés et dénommés au procès - verbal d'autre part, certifions qu'attendu l'absence d*udit Richard*, *que nous avons vainement cherché pour lui notifier notre procès-verbal*, nous nous sommes transportés à la mairie d   , où nous avons affiché, sur la porte principale, copie de notre procès-verbal ainsi que du présent exploit; et avons signé.

     Pardevant nous   juge de paix,   , le procès-verbal, ci-dessus et d'autre part, a été affirmé sincère et véritable par les employés soussignés, après qu'il leur en a été donné lecture.

     Fait a   , le *six février* dix-huit cent *cinquante*, *à onze heures du matin.*

(n.º 8.)

Expédition inapplicable. — Péremption du titre servant au transport.

PROCÈS-VERBAL

Du 10 février 1850.

Saisie de 18 hecto-litres 30 litres d'es-prit de vin à 86 de-grés centésimaux, au préjudice du sieur Mortier (Louis), voi-turier, demeurant à

L'an mil huit cent *cinquante*   , le *dix février* à *deux* heures *de relevée*, à la requête de M. le Directeur de l'administration des Contributions indirectes, dont le bureau central est établi à Paris, rue de Rivoli, hôtel des Finances; poursuites et diligences de M.   , directeur de ladite administration dans le département d   ,

PRINCIPAL SAISISSANT.

demeurant à   , n°   , où il fait élection de domicile pour la suite du présent

Nous soussignés,

Tous les trois employés de l'Octroi d   , y demeurant, ayant serment en justice et porteurs de nos commissions; certifions que *ce matin, sur les sept heures, étant tous de service à la barrière d*   *, s'est présenté, à la même heure, pour entrer dans*   *par ladite barrière, un sieur Mortier (Louis), voiturier, demeurant a*   *, lequel conduisait une charrette attelée d'un cheval et chargée de trois fûts d'esprit-de-vin. Ledit Mortier nous ayant exhibé un acquit-à-caution sous le n° 765, que nous annexons au présent procès-verbal, lequel titre exprimait la quantité de dix-huit hectolitres trente litres d'esprit à 86 degrés cen-*

N° 3 *ter.*

3me Catégorie.

tésimaux, *nous avons reconnu que la quantité représentée était en parfaite concordance avec le libellé de l'acquit-à-caution*; *mais nous avons fait remarquer audit Mortier que le délai accordé pour le transport était périmé de sept jours*, *et que conséquemment le titre dont il s'agit n'était pas applicable au chargement.* Ainsi donc, vu la contravention *dudit Mortier* (*Louis*), aux articles 1, 6, 10 et 13 de la loi du 28 avril 1816, nous avons déclaré *au sieur Mortier* (*Louis*) procès-verbal et saisie desdits 18 *hectolitres trente litres d'esprit à* 86 *degrés centésimaux*, ainsi reconnus avec le*dit Mortier* (*Louis*), après *jaugeage* et *pesage* à l'aide de *l'alcoomètre centésimal et du thermomètre centigrade*, et que nous avons estimés, d'accord avec le*dit Mortier* (*Louis*), à la somme de *trois mille francs*, *droits non compris. Avons également saisi*, *mais seulement pour garantie de l'amende encourue*, *le cheval et la charrette que nous avons estimés*, *toujours d'accord avec ledit Mortier*, *à la somme de trois cents francs*; *lui avons offert main-levée desdits objets saisis*, *moyennant caution solvable ou le versement de l'amende encourue*; *mais ledit Mortier* (*Louis*) *s'étant trouvé dans l'impossibilité de satisfaire à l'une ou à l'autre de ces deux conditions*, *nous avons déposé le liquide saisi entre les mains de M.* , *receveur du bureau central*, *qui a promis de le représenter à toute réquisition de justice; et avons mis en fourrière chez le sieur* , *aubergiste*, *demeurant* , *le cheval et la charrette*, *ledit ayant pris l'engagement de garder le tout moyennant deux francs par jour*, *et de représenter le cheval et la charrette à la première réquisition.*

Prévenant, enfin, le*dit Mortier* que la rédaction de notre procès-verbal devant avoir lieu *aujourd'hui même*, à *deux* heures *du soir*, dans notre bureau *de*

, nous le sommions d'y assister, à l'effet d'y faire insérer *ses* dires, d'en entendre lecture et d'en recevoir copie. Et , ledit jour, étant tous réunis au lieu indiqué, nous avons rédigé, en présence d*u* S*r* *Mortier,* notre procès-verbal, *lui* en avons donné lecture avec sommation de le signer, ce qu'il *a refusé de faire.* Clos ledit acte les jour, mois et an qui sont inscrits en tête du présent, à *trois* heure*s du soir ;* en avons remis copie a*udit Mortier* (*Louis*), après l'avoir signé.

Pardevant nous ,
juge de paix   , le procès-verbal, ci-dessus et d'autre part , a été affirmé sincère et véritable par les employés soussignés , après qu'il leur en a été donné lecture.

Fait a   le *onze février* dix-huit cent *cinquante* , à *dix heures du matin.*

PROCÈS-VERBAL

Du 12 février 1850.

Saisie de 10 hecto-
litres de vin, au pré-
judice du sieur Do-
minique (Guillaume),
marchand de vin en
gros, demeurant à

PRINCIPAL SAISISSANT.

Expédition inapplicable. — Différence en moins à l'entrée.

L'an mil huit cent *cinquante* , le *douze fé-vrier*, à *onze* heures *du matin*, à la requête de M. le Directeur de l'administration des Contributions indirectes, dont le bureau central est établi à Paris, rue de Rivoli, hôtel des Finances ; poursuites et diligences de M. , directeur de ladite administration dans le département d demeurant à , n° , où il fait élection de domicile pour la suite du présent

Nous soussignés,

Tous les quatre employés de l'Octroi d , y demeurant, ayant serment en justice et porteurs chacun de notre commission ; certifions qu'étant dans l'exercice de nos fonctions à la barrière d , s'est présenté pour entrer dans , à l'heure inscrite en tête du présent, un S Dominique (Guillaume), voiturier, marchand de vin en gros, demeurant a , lequel Dominique conduisait une charrette attelée de deux chevaux et chargée de cinq fûts de vin. Ledit Dominique nous ayant exhibé un congé sous le n° 65, que nous annexons au présent procès-verbal, lequel titre ex-*

*primait la quantité de six fûts contenant ensemble douze
hectolitres soixante litres de vin ; nous avons jaugé les
cinq fûts, en présence du Sr Dominique, et avons reconnu
et fait reconnaître audit que la quantité réelle ne s'élevant
qu'à dix hectolitres cinquante litres, il existait une diffé-
rence en moins d'un fût de la contenance de deux hectolitres dix litres, et que, conséquemment, l'expédition représentée n'était pas applicable au chargement. Le Sr Dominique a cherché à expliquer ce manquant en prétendant
que le receveur buraliste s'était trompé en délivrant le
congé, mais que le fût trouvé en moins n'avait pas été
laissé en route.*

Ainsi donc, vu la contravention du*dit Dominique
(Guillaume)* à l'article 10 de la loi du 28 avril 1816,
nous lui avons déclaré procès-verbal et saisie desdits
dix hectolitres cinquante litres de vin, ainsi reconnus
avec lui, après *jaugeage* et *dégustation,* et que nous avons
estimés, d'accord avec *ledit Dominique (Guillaume),
à la somme de cent cinquante francs, droit non compris.
Avons également saisi, mais seulement pour garantie de
l'amende encourue, les deux chevaux et la charrette, que
nous avons estimés, toujours d'accord avec ledit Dominique, à la somme de trois cents francs. Toutefois, ledit
ayant versé la somme de cent francs, que nous avons
enregistrée au K (bis), et d'ailleurs sa solvabilité étant
parfaitement connue de nous tous, nous lui avons donné
main-levée de tous les objets saisis, sur sa promesse
juratoire de les représenter, ou la valeur estimative, à
toute réquisition de justice.*

Avons à l'instant rédigé notre procès-verbal dans le bureau d   , en présence d*udit Domi-nique (Guillaume)* ; lui en avons donné lecture avec sommation de le signer, ce qu'il *a refusé*. Clos ledit procès-verbal les jour, mois et an qui sont inscrits en tête du présent, *à onze* heure*s et demie du matin ;* et en avons remis copie au *S*ʳ *Dominique (Guillaume)*, après avoir signé ledit acte.

Pardevant nous

Juge de paix   , le procès-verbal ci-dessus et d'autre part a été affirmé sincère et véritable par les employés soussignés, après qu'il leur en a été donné lecture.

Fait a   , le *douze février* dix-huit cent *cinquante*

(N° 10.)

Expédition adirée en cours de transport. PROCÈS-VERBAL

Du 15 février 1850.

L'an mil huit cent *cinquante* , le *quinze février* , | Saisie de 120 litres
à *deux* heures *du soir*, à la requête de M. le Directeur de vin en cercles, au
de l'administration des Contributions indirectes, dont préjudice du sieur Larroche (François),
le bureau central est établi à Paris, rue de Rivoli, hôtel voiturier, demeurant à
des Finances; poursuites et diligences de M. ,
directeur de ladite administration dans le département
d , demeurant a , n° PRINCIPAL SAISISSANT.
où il fait élection de domicile pour la suite du présent; —

Nous soussignés,

Tous les deux employés de l'Octroi d , y demeurant, ayant serment en justice et porteurs chacun
de notre commission ; certifions qu*e , hier soir , sur les
quatre heures , étant de service à la barrière d*
*, s'est présenté, à la même heure , pour entrer
dans par ladite barrière, un sieur Larroche
(François), voiturier , demeurant a lequel
conduisait une charrette attelée d'un cheval et chargée de
deux fûts de vin. Ayant demandé audit les titres de mouvement dont il devait être porteur, ledit Larroche nous a
répondu qu'il avait perdu pendant le trajet l'expédition qui
lui avait été remise par l'expéditeur , et nous a exhibé
aussitôt le duplicata d'un acquit-à-caution , délivré au*

bureau de Brives sous le n° 32, pour la quantité de quatre hectolitres vingt litres de vin ; mais, attendu que cette pièce ne pouvait en aucune manière justifier la circulation dudit liquide, nous avons passé outre, nous contentant seulement de la mentionner ici.

Ainsi donc, vu la contravention d*udit* Larroche (François) a*ux* article 1 *et* 6 de la loi du 28 avril 1846, nous lui avons déclaré, en parlant à sa personne, procès-verbal et saisie desdits *quatre hectolitres vingt litres de vin*, ainsi reconnus avec l*edit Larroche (François)*, après *jaugeage* et *dégustation*, et que nous avons estimés, d'accord avec l*edit* Larroche, à la somme de

Avons également saisi, mais seulement pour garantie de l'amende encourue, le cheval et la charrette, que nous avons estimés, toujours d'accord avec ledit Larroche (François), à la somme de deux cents francs. Toutefois, ledit Larroche (François) ayant versé, à titre de consignation provisoire, une somme de cent francs, que nous avons enregistrée au K (bis), nous lui avons donné main-levée du susdit liquide ainsi que des moyens de transport, sur sa promesse juratoire de représenter le tout, ou la valeur estimative, à toute réquisition de justice.

Prévenant, enfin, l*edit Larroche (François)*, que la rédaction de notre procès-verbal devant avoir lieu *le lendemain, quinze du courant*, à *deux* heures du *soir*, dans notre bureau d   , nous *le* sommions d'y assister, à l'effet d'y faire insérer ses di*r*es, d'en entendre lecture et d'en recevoir copie. Et ledit jour, étant tous réunis au lieu indiqué, nous avons rédigé, en l'absence d*udit Larroche*, notre procès - verbal, et avons clos l'acte les jour, mois et an qui sont inscrits en tête du procès-verbal, à *trois* heures *du soir*, nous réservant de le notifier au*dit Larroche* (*François*), ou, si besoin l'exige, de l'afficher à la porte de la mairie d   dans le délai voulu par la loi; et avons signé.

L'an mil huit cent *cinquante*   , le *seize février*, à *dix* heures *du matin*, au requis que dit est, nous employés qualifiés et dénommés au procès-verbal d'autre part, certifions qu'attendu l'absence *du sieur Larroche* (*François*), *que nous avons vainement cherché pour lui notifier notre procès-verbal*, nous nous sommes transportés à la mairie d   , où nous avons affiché, sur la porte principale, copie de notre procès-verbal ainsi que du présent exploit; et avons signé.

Pardevant nous   juge de paix   , le procès-verbal, ci-dessus et d'autre part, a été affirmé sincère et véritable par les employés soussignés, après qu'il leur en a été donné lecture.

Fait a   , le *seize février* dix-huit cent *cinquante, à onze heures du matin.*

(N° 11.)

Transport de vin dans l'intérieur , sans expédition.

Saisie de 6 hecto-litres 30 litres de vin en cercles, au préju-dice du sieur Vin-cent (Louis) , voitu-rier, demeurant à

—————————

PRINCIPAL SAISISSANT.

—

L'an mil huit cent *cinquante* , le *vingt février*, à *deux* heures de *relevée*, à la requête de M. le Directeur de l'administration des Contributions indirectes, dont le bureau central est établi à Paris, rue de Rivoli, hôtel des Finances ; poursuites et diligences de M. , directeur de ladite administration dans le département d , demeurant a , n° où il fait élection de domicile pour la suite du présent

Nous soussignés,

Tous les deux employés de l'Octroi d y demeurant, ayant serment en justice et porteurs chacun de notre commission ; certifions qu'*étant en journée, à l'heure qui figure en tête du présent, dans l'in-térieur de la ville , afin de surveiller le mouvement des chargements de liquides sujets aux droits, nous avons rencontré dans la rue un S*ʳ *Vincent (Louis),* *voiturier, demeurant a , lequel conduisait une charrette attelée d'un cheval et chargée de trois fûts remplis de vin. Ayant demandé audit Vincent les titres de la Régie qui devaient accompagner lesdits trois fûts de vin, ledit nous a répondu qu'il les avait perdus.*

Ainsi donc ; vu la contravention *dudit Vincent* (*Louis*), aux articles 1 *et* 6 de la loi du 28 avril 1816, nous avons déclaré *audit Vincent* (*Louis*) procès-verbal et saisie desdits *trois fûts renfermant ensemble six cent trente litres de vin*, ainsi reconnus avec *ledit Vincent* (*Louis*), après *jaugeage* et *dégustation*, et que nous avons estimés, d'accord avec *ledit Vincent* (*Louis*), à la somme de *cent francs, droit de circulation non compris. Avons également saisi, mais seulement pour garantie de l'amende encourue, le cheval et la charrette que nous avons estimés, toujours d'accord avec ledit Vincent* (Louis), *à la somme de deux cents francs. Toutefois, ledit ayant versé, à titre de consignation provisoire, une somme de cent francs, et d'ailleurs sa solvabilité étant parfaitement connue de nous deux, nous lui avons donné main-levée de tous les objets saisis, sur sa promesse de les représenter, ou la valeur estimative, à toute réquisition de justice.*

Avons à l'instant rédigé notre procès-verbal dans le bureau d   , en présence d*udit Vincent* (*Louis*)*; lui* en avons donné lecture avec sommation de le signer, ce qu'il *a refusé.* Clos ledit procès-verbal les jour, mois et an qui sont inscrits en tête du présent, à *trois* heures *du soir;* et, en avons remis copie a*udit Vincent* (*Louis*), après avoir signé ledit acte.

Pardevant nous,
juge de paix   , le procès-verbal, ci-dessus et d'autre part, a été affirmé sincère et véritable par les employés soussignés, après qu'il leur en a été donné lecture.

Fait a   , le *vingt-un février* dix-huit cent *cinquante, à dix heures du matin.*

4

(N° 12.)

Procès-verbal pour fausse déclaration à la sortie.

Saisie fictive de 630 litres de vin, au préjudice d'un sieur Millon, voiturier, demeurant à

PRINCIPAL SAISISSANT.

—

L'an mil huit cent *cinquante* , le *quatre mars*, à *dix* heures *du matin*, à la requête de M. le Directeur de l'administration des Contributions indirectes, dont le bureau central est établi à Paris, rue de Rivoli, hôtel des Finances, et de M. le Maire d ; poursuites et diligences de M. , directeur de ladite administration dans le département d , demeurant a , n° , où il fait élection de domicile pour la suite du présent

Nous soussignés,

y demeurant, ayant serment en justice et porteurs de nos commissions ; certifions *que ce matin, à l'heure qui figure en tête du présent procès-verbal, s'est présenté pour sortir de la ville, un Sr Millon (Jean), voiturier, demeurant a , lequel conduisait une charrette attelée de deux chevaux et chargée de trois fûts. Ledit Millon nous ayant exhibé un acquit-à-caution sous le n° 1105 que nous annexons au présent procès-verbal, lequel titre mentionnait la quantité de six hectolitres trente litres de vin, et ledit nous ayant produit en même temps un passe-debout sous le n° 560, délivré à la barrière d   , exprimant la même quantité, nous avons procédé à la reconnaissance desdits trois fûts et avons reconnu et fait reconnaître audit que les tonneaux présentés par lui, au lieu de contenir six cent trente litres de vin, ne renfermaient que de l'eau, et que, conséquemment, il avait laissé dans l'intérieur le vin dont il s'agit.*

Ainsi donc, vu la contravention du*dit Millon* à l'article 24 de la loi du 28 avril 1816, ainsi qu'   article du Règlement de l'Octroi de   , nous avons déclaré *au sieur Millon* procès-verbal et saisie *fictive* desdits *six cent trente litres de vin laissés dans le rayon*, et que nous avons estimés, d'accord avec le*dit Millon*, à la somme de *soixante-dix francs*, droits non compris. *Avons également saisi, mais seulement pour garantie de l'amende encourue, les deux chevaux et la charrette, que nous avons estimés, toujours d'accord avec ledit Millon, à la somme de quatre cents francs; et attendu que ledit Millon s'est trouvé dans l'impossibilité de fournir caution solvable et de verser le montant de l'amende encourue, nous avons mis les chevaux et la charrette en fourrière chez un sieur Durand, aubergiste, qui a promis de les représenter à toute réquisition de justice.*

Avons à l'instant rédigé notre procès-verbal dans le bureau d   , en présence du*dit Millon*, lui en avons donné lecture avec sommation de le signer, ce que le *nommé Millon a accepté.* Clos ledit procès-verbal les jour, mois et an qui sont inscrits en tête du présent, à *dix* heures *du matin;* en avons remis copie au*dit Millon*, après avoir signé ledit acte. *Cinq mots, ci-dessus, rayés nuls.*

Pardevant nous
juge de paix   , le procès-
verbal, ci-dessus et d'autre part, a été affirmé sincère et
véritable par les employés soussignés , après qu'il leur
en a été donné lecture.

Fait a   , le *quatre mars* dix-huit cent
cinquante

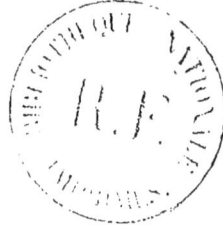

FIN DU FORMULAIRE.

9